COURS COMPLET

DE LITHOGRAPHIE.

COURS COMPLET

DE

LITHOGRAPHIE,

CONTENANT

LA DESCRIPTION DES MOYENS A EMPLOYER ET DES ACCIDENTS A ÉVITER

POUR DESSINER SUR PIERRE ;

dédié

A SON ÉLÈVE DE PERSPECTIVE ET AMI M. AUBRY-LECOMTE,

Par Thénot,

Peintre, Professeur de Dessin et Perspective, auteur de plusieurs *Traités de Perspective ;* l'un des candidats pour la chaire de Professeur de perspective à l'école royale des Beaux-Arts, section de l'Institut, membre de la Société libre des Beaux-Arts, etc., etc., etc.

Les planches sont des dessins originaux exécutés sur pierre par les principaux artistes.

A PARIS,

CHEZ L'AUTEUR, PLACE DES VICTOIRES, 6,

ET CHEZ LES PRINCIPAUX ÉDITEURS, LIBRAIRES ET MARCHANDS D'ESTAMPES DE PARIS ET DES DÉPARTEMENTS.

—

1836.

COURS DE LITHOGRAPHIE.

La lithographie a popularisé chez nous le goût du dessin; la facilité de tra-cer soi-même sur la pierre l'inspiration du moment, et de la faire reproduire à plusieurs centaines d'exemplaires, a dû nécessairement enflammer plus d'un amour-propre; aussi avons-nous vu apparaître une foule de dessinateurs litho-graphes, crayonnant et répandant leur essai dans le public. Excepté quelques peintres de talent, la plupart de ces concurrens étaient des personnes jusqu'à ce jour étrangères aux beaux-arts, n'ayant par conséquent aucun principe de dessin et se laissant aller entièrement à leurs sensations. Dévorés du désir de se faire connaître comme artistes, ils travaillaient sans relâche, et leurs produc-tions étaient nombreuses. La persévérance et le travail ont fait sortir de cette masse dessinante des hommes distingués dans les différents genres.

Le genre qui fut naturellement exploité le premier fut celui des soldats de nos grandes armées, représentés dans leurs revers comme dans leurs succès. De telles représentations attiraient la foule par l'intérêt qu'inspirait la défaite de ces braves, ou réveillaient l'orgueil national par le souvenir des anciens triomphes; aussi *la Garde meurt et ne se rend pas*, scène de Waterloo, et *la Prise d'une redoute par des grenadiers français*, souvenir de la campagne de Russie, se vendirent par milliers. Les caricatures politiques, les charges spirituelles, les scènes populaires trouvèrent des interprètes dans les talents qui ne sentaient pas ou qui ne connaissaient pas assez le genre militaire. Des collections de por-traits des personnages célèbres de tous les temps ont été publiées ainsi que de beaux recueils de paysages, de vues d'après nature, de marines, d'intérieurs, etc., etc., etc.

Quelques hommes savants entreprirent de reproduire les compositions des grands maîtres; ceux-là particulièrement perfectionnèrent les moyens manuels ou d'exécution lithographique, montrant tout le parti qu'on pouvait en tirer afin d'arriver à un résultat aussi parfait que possible; mais quand on pense aux nombreux essais que ces artistes persévérants ont fait pour mener l'art à son perfectionnement, ainsi qu'au grand nombre de dessins précieux qu'ils ont perdus sans se décourager, on sent qu'on leur doit une grande reconnais-sance.

La lithographie peut aujourd'hui rivaliser avec la meilleure gravure; plu-sieurs de nos hommes de talent l'ont prouvé par leurs productions, et si l'on voit souvent des dessins lithographiques imparfaits, cela dépend plutôt de la presse ou de la cupidité de l'exécutant, qui veut produire vite, que de l'impuissance des ressources de cette pratique nouvelle ; mais toutes les fois qu'un artiste veut se donner la peine d'opérer avec soin et d'employer les différents moyens d'exécution que l'art met à sa disposition, il est sûr, à moins d'avoir un imprimeur ignorant ou sans soin, d'obtenir un résultat satisfaisant.

C'est à Aloys Sénefelder que nous devons la découverte de la lithographie ou impression par le moyen de planches de pierre. Cette manière d'opérer diffère des modes d'impression qui l'ont précédée en ce qu'elle est fondée sur une combinaison chimique, tandis que les deux autres, la gravure en taille-douce et la typographie, ont leur principe dans un moyen mécanique. La typographie emploie des formes saillantes ou en relief, isolant l'encre pour l'impression des parties de la planche qui doivent conserver les blancs du papier ; dans la gravure en taille-douce c'est par les creux formés à la surface d'une planche de métal parfaitement polie que l'encre se trouve retenue. L'impression lithographique ou chimique agit tout autrement : il lui importe peu que le dessin soit en relief ou en creux, l'essentiel est qu'il se trouve sur les points de la planche ou pierre à imprimer une matière à laquelle s'attache ensuite la couleur par son affinité chimique, d'après les lois de l'attraction. Cette couleur doit être composée d'une semblable substance que celle du dessin ; il faut encore que les parties de la pierre qui doivent rester blanches aient la propriété de ne point prendre et même de repousser la couleur afin qu'elle ne puisse s'y attacher. Les pierres calcaires remplissent ces conditions, elles prennent et retiennent les matières grasses, et elles s'imbibent facilement d'eau.

Pour lithographier on se sert de ces pierres ; leur surface supérieure étant polie ou grainée, on trace dessus avec une subtance grasse ; et lorsque le dessin est terminé, l'imprimeur étend sur toute la face dessinée un mélange d'acide, d'eau et de gomme ; cette préparation terminée, on peut commencer l'impression.

Pour obtenir une épreuve du dessin on commence par mouiller la pierre et passer immédiatement sur toute sa surface un rouleau enduit d'encre d'imprimerie. Cette encre s'unit aisément aux parties imprégnées de matière grasse, tandis qu'elle se trouve repoussée de toutes les autres parties imbibées d'eau ; lorsque le dessin est assez chargé de noir d'impression, c'est à dire qu'on y en a fait adhérer une certaine quantité voulue, on pose dessus un papier légèrement humide ; une pression fixe à ce papier l'encre dont les parties graissées étaient chargées, et l'on obtient la reproduction du dessin. Toutes les épreuves s'obtiennent de même, recommençant toujours à mouiller, puis à encrer, en enlevant sur du papier par une pression l'encre déposée, etc., etc.

La manière de multiplier les épreuves d'un dessin par l'impression lithographique étant expliquée, j'ajouterai que l'acide que l'imprimeur a d'abord répandu sur la pierre agit principalement dans le but d'enlever les salissures qui se forment pendant l'exécution du dessin, d'agrandir les pores de la pierre et de faciliter à la gomme d'y pénétrer, cette substance étant d'autant plus nécessaire qu'elle aide à prolonger l'action répulsive de l'eau. Maintenant je vais décrire les instruments employés pour lithographier, comment il faut les choisir, les apprêter et s'en servir.

Première Planche.

Du choix des pierres lithographiques.

Les pierres à lithographier, ou pierres lithographiques, sont formées en grande partie de terre calcaire et d'acide carbonique ; elles sont compactes, en partie solubles aux acides, prenant l'eau avec facilité et s'imbibant aisément de substances grasses. Les meilleures pierres sont d'une pâte homogène, fine, très serrée, s'imbibant peu d'eau, et susceptible de recevoir un beau poli ; elles doivent être sans trou ni fissure, et avoir une couleur claire, uniforme, sans nuance, sans tache. Les pierres blanches sont préférables aux grises lorsqu'elles sont du même degré de dureté, car le dessinateur peut mieux y voir son travail et juger de l'effet qu'il produira sur le papier ; l'imprimeur reconnaît aussi plus aisément s'il a suffisamment chargé le dessin de noir d'impression ; mais rarement on trouve des pierres blanches aussi dures que les grises. On se sert donc communément de ces dernières, et on les choisit d'un beau gris-perle ; en général les pierres de cette nuance ont la pâte serrée et dure, et donnent un grain fin et saillant. Outre les ressources qu'elles offrent dans les divers moyens d'exécution et pour la perfection du travail, elles ont encore l'avantage de résister bien plus long-temps à l'impression, c'est à dire de fournir un plus grand nombre de belles épreuves.

Plus une pierre est de pâte tendre, peu serrée, plus le crayon pénètre avant dans ses pores ou intervalles du grain et les bouches ; il en résulte que lors de l'impression ces intervalles, qui devraient être blancs et séparer les points noirs ou fractions de crayon formant le dessin, s'empâtent, et par conséquent ne présentent plus dans les parties foncées que des masses de noir, lourdes et sans transparence. L'ondulation pénètre suivant la même loi que le crayon, et agissant profondément rend les aspérités très fragiles, si bien que les parties claires se dépouillent, c'est à dire que les points semi-noirs formant les demi-tons sont détruits, et que le dessin ne présente plus, après un petit nombre d'épreuves, que des places blanches et noires sans nuance intermédiaire. Les pierres trop dures, celles qui excluent la spongiosité sont aussi à éviter, car alors les pores, étant trop fins ou trop serrés, empêchent le crayon, la gomme et l'eau de pénétrer la pierre; il en résulte que l'impression n'est que de courte durée, arceque le crayon n'y reste pas attaché.

Les nuances dans la couleur de la pierre, les veines, les points blancs, indiquent des différences dans le degré de dureté des pierres, et empêchent le dessin de venir avec égalité au tirage; car, d'après ce que je viens de dire sur la qualité dure ou tendre, le crayon ne restera pas fixé sur les veines dures, et il pénétrera trop dans celles qui sont tendres.

Les pierres de pâte serrée se reconnaissent à la dureté et au poids ; à volume égal, la pâte serrée est beaucoup plus lourde que la pierre tendre.

La qualité spongieuse se juge en versant quelques gouttes d'eau sur la pierre à lithographier qui doit de suite l'absorber; si l'argile est en grande portion dans cette pierre, tout en l'absorbant elle retient l'eau plus long-temps. C'est cette qualité que l'on doit préférer comme étant la meilleure.

Les pierres lithographiques ne sont pas aussi rares que beaucoup de personnes le pensent. C'est dans le bon choix qu'existe réellement la difficulté ; celles dont on s'est jusqu'ici accordé à reconnaître la supériorité se trouvent en Bavière dans la belle carrière de Solenhofen, près de Pappenheim : Sénefelder assure que le pays environnant paraît en contenir abondamment, et qu'il n'est pas à redouter d'en manquer pendant plusieurs siècles.

Du moment que la lithographie a commencé à inspirer un intérêt général, des recherches ont été faites dans plusieurs contrées pour découvrir des pierres lithographiques. On en a trouvé en Italie, en Savoie, en Angleterre, en Prusse; dans plusieurs départements de la France on en a rencontré de même nature, et aussi fines que celles de la Bavière; mais elles étaient pleines de défauts, de fissures, de cristallisations, pétrifications et autres défectuosités. Pour pouvoir s'en servir on a été obligé de scier des blocs considérables et de les réduire à des fragmens fort petits ; la dépense occasionnée par cette extraction excédant les produits, on a été contraint de renoncer à leur exploitation. Les carrières de Belley, près de Lyon, sont les seules en France qui fournissent des pierres de dimension un peu importante; mais elles sont moins dures ; les dessins au crayon faits dessus viennent ordinairement mal et fournissent peu d'épreuves au tirage ; encore ces épreuves sont-elles pâles, lourdes et sans effets ; mais si elles valent peu de chose pour les dessins au crayon, en revanche elles sont excellentes pour les dessins faits à l'encre. Les imprimeurs s'accordent à dire qu'étant apprêtées avec soin elles donnent un plus grand nombre d'épreuves que celles de Bavière. Il est probable qu'avec le temps on découvrira chez nous des carrières qui renferment des pierres lithographiques d'une aussi bonne qualité que celles tirées jusqu'à présent de

Solenhofen; plusieurs minéralogistes distingués font des recherches dans ce but, et s'en occupent avec activité. Dans le *Manuel du lithographe*, par M. Bregeaut, il est dit que M. Julien de Fontenelle, savant distingué, remarqua, pendant le cours de ses excursions minéralogiques dans le midi de la France, un banc placé devant la porte d'une maison de campagne située dans les montagnes de la Clape; la matière de ce banc de repos est une pierre lithographique du grain le plus fin, et elle a été extraite dans les environs; M. Julien de Fontenelle, persuadé qu'il peut se rendre utile en donnant suite à cette précieuse découverte, a l'intention de faire venir de ces pierres à Paris, afin de leur faire subir toutes les épreuves nécessaires pour constater leur bonne qualité : il ajoute que le même savant a trouvé des pierres de semblable nature dans la Corbière près de la Castel.

J'ai parlé des inconvénients dont les pierres lithographiques sont susceptibles lorsqu'on s'en sert pour faire des dessins au crayon, suivant qu'elles sont de pâte trop serrée, trop dure ou trop tendre. Les pierres trop tendres présentent des difficultés lorsqu'elles sont employées à la confection de dessins à la plume; car pour ce genre de travail la pierre doit être parfaitement polie, et l'on trace ordinairement les traits formant le dessin avec une plume d'acier; alors cette plume écorche la surface de la pierre et en arrache une poussière fine qui s'attache à sa pointe et empêche l'encre de couler.

Si la pierre est entremêlée de places plus ou moins claires, elle ne se polira que très difficilement, parceque, ces endroits clairs étant des parties tendres, ils sont plutôt attaqués par le polissoir, et par conséquent se creusent plus vite, ce qui rend la surface inégale. En dessinant avec la plume d'acier sur cette pierre, elle s'y attache et s'enfonce aussitôt que l'on arrive à ces creux. Il en sera de même dans la méthode creuse, c'est à dire celle de dessiner avec une pointe d'acier et de creuser le dessin dans la pierre; car, encore plus que la plume, la pointe s'enfonce dès qu'on arrive à une place molle, ce qui produit des traits plus larges et moins sûrs. Les dessins au crayon faits sur ces pierres d'inégale dureté, présentant à leur surface des parties creuses dans les endroits tendres, laissent toujours au tirage des vides ou des teintes affaiblies dans les ombres qui tombent sur ces enfoncements, lesquels ne se corrigent qu'avec beaucoup de peine.

Les pierres molles se fendent aisément sous la presse quand elles ne sont pas composées de plusieurs couches, surtout si dans le nombre de ces couches il n'y en a pas de dure; mais on grave aisément sur ces pierres, parcequ'on n'a pas besoin d'appuyer si fort avec la pointe : au tirage elles donnent de belles épreuves, plus belles que celles provenant des pierres dures; mais l'impres-

3

sion est un peu plus difficile parceque ces pierres se salissent plus vite vu leur plus grande porosité.

L'épaisseur convenable que doit avoir une pierre lithographique doit être proportionnée à sa grandeur; en égale épaisseur, les petites pierres supportent bien mieux l'action de la presse que les grandes; par trop minces elles sont très fragiles, et par trop épaisses elles sont trop lourdes, et par conséquent trop incommodes. L'épaisseur la plus convenable pour l'impression est de deux pouces et demi à trois pouces.

Malgré la dureté des pierres de pores serrés, elles sont aussi très cassantes, et un seul petit coup sec, donné avec un corps dur, suffit pour faire fendre la plus épaisse, et entraîner tôt ou tard sa totale séparation; par conséquent il faut faire bien attention à ne pas cogner les pierres lithographiques ensemble, ni les frapper, ni les laisser tomber. J'en ai vu une qui, pour avoir glissé seulement de sa hauteur le long du mur où elle était appuyée, s'est en tombant cassée en deux.

Pour me résumer je dirai qu'il faut choisir avec soin la pierre que l'on doit employer, suivant l'importance du dessin que l'on veut faire; car une bonne pierre est pour beaucoup dans la réussite d'une lithographie, si bien qu'elle soit exécutée.

Du grain des pierres pour le dessin au crayon.

Les dessins au crayon se font sur des pierres grénées, c'est à dire auxquelles on donne un grain plus ou moins fin : ce grain doit être parfaitement semblable sur toute la surface qui doit contenir le dessin. Si l'on regarde ce grain à contre jour, comme à la planche 1, fig. 1, on voit qu'il représente une multitude de petits monts; le sommet de ces monts, ou grains de la pierre, a pour but principalement d'égrainer le crayon et de le fixer par fractions à la pierre. Ce sont ces égrainements du crayon qui, par la variété de leurs dimensions, leurs degrés de force et la différence de leurs rapprochements, produisent la forme et la dégradation des tons d'un dessin lithographique. On sentira d'après cet exposé qu'après avoir choisi une pierre que l'on veut employer il faut s'occuper de son grain, car la bonté du grain est d'une grande importance pour obtenir le charme d'exécution qu'offrent les divers procédés. Le grain de la pierre peut être moyennement gros ou bien être très fin, suivant qu'il convient à l'artiste; tel homme de talent ne veut employer que des grains fins, et tel autre que des grains moyens; cette différence de dimension du grain, dans l'emploi qu'en font les lithographes, dépend souvent de l'habitude qu'ils contractent d'exécuter toujours de même.

Le grain fin, sans être lisse, est préférable lorsque l'on veut faire des croquis, parcequ'il permet des traits plus nets et plus suivis; les points noirs formés par le crayon s'enchaînent au lieu d'être isolés.

Lorsque le grain est moyen il offre beaucoup de ressources pour varier les travaux, et surtout il donne de la transparence aux teintes; mais l'exécution demande bien plus de temps et présente plus de difficultés. En résumé, toutes les fois que le grain d'une pierre sera bien égal, pointu ou mordant, peu importe qu'il soit fin ou moyennement gros; le travail que l'on fera dessus devra être comme perlé, et le dessin viendra bien au tirage. Le grain est mauvais lorsqu'il est plat, c'est à dire qu'il a été mal fait, qu'il a été écrasé; sur un tel grain le crayon glisse au lieu d'égrainer, et les teintes en sont lourdes et sans transparence. Lorsque le grain est trop gros, il ne vaut rien non plus. Je vais citer à l'appui de ce que je viens de dire un fragment de l'ouvrage de M. Engelmann, savant praticien qui a rendu d'immenses services à cet art naissant. Voici comme il s'explique en parlant du grain des pierres lithographiques :

« Je ne puis assez recommander aux dessinateurs lithographes de porter la
« plus grande attention sur le grain des pierres auxquelles ils veulent con-
« fier leurs dessins. Combien de fois n'ai-je pas vu le travail de nombreuses
« veilles devenir mou au tirage, et perdre tout son esprit, toute sa finesse,
« parceque le dessinateur y avait employé une pierre à grain rond, peu
« mordant et trop gros! C'est en général une erreur assez répandue que des
« grains gros sont nécessaires pour que les dessins ne s'empâtent pas au ti-
« rage. Qu'on se détrompe; l'empâtement ne vient que de l'imprimeur sans ex-
« périence, ou de quelque faute de précaution, tel que, par exemple, la
« condensation de l'humidité sur une pierre froide, etc. Les planches litho-
« graphiques extrêmement soignées et d'une finesse remarquable qu'on
« voit aujourd'hui, et surtout celles sorties des presses de ma maison, seront
« une preuve irrécusable de ce que j'avance. »

Je vais tâcher de démontrer pourquoi un dessin vient mal sur une pierre à gros grain. On distingue d'abord, lorsqu'on regarde au microscope le grain d'une pierre lithographique, de petits monts, dont les sommets sont de même hauteur, et que l'on peut appeler aspérités saillantes; puis l'on en découvre une multitude d'autres moins élevés qui forment le fond du grain. Ce sont les aspérités saillantes qui doivent retenir le crayon et former le dessin; si le grain est fin ses aspérités seront très rapprochées, les teintes se garniront naturellement, et le dessin sera exécuté avec facilité; mais si le grain est gros les aspérités seront plus éloignées, et lorsqu'on aura mis le crayon dessus, même en suffisance pour un grain fin, les teintes ne paraîtront pas assez foncées, assez garnies; il y aura toujours une multitude de points blancs qu'il faudra remplir; ces points blancs seront produits par les intervalles du grain ou aspérités du fond du grain; alors si l'on remplit de crayon ces aspérités du fond, les teintes paraîtront unies, et le dessin sur la pierre aura tout le charme désirable; mais au tirage il n'aura plus du tout le même effet, attendu qu'il n'y aura que le crayon attaché aux aspérités saillantes qui sera reproduit; le crayon de remplissage garnissant le fond du grain, se trouvant dans un enfoncement, ne pourra pas être atteint par la surface du papier; il en résultera que les épreuves tirées d'un tel dessin donneront des teintes dépouillées et des contours mous et sans esprit.

Si le grain est plat, vu au microscope, il paraîtra semblable à celui que j'ai représenté pl. 1, fig. 5, c'est à dire qu'il sera inégal en grosseur, attendu que les aspérités saillantes, au lieu d'être pointues et mordantes, seront usées et aplaties; un dessin fait sur un tel grain devra venir au tirage encore plus mal que sur un gros grain, car, le grain formant le dessin étant inégal, le résultat du travail sera inégal, et toutes les parties formées de grain écrasé devront s'empâter.

Pour vérifier la qualité du grain d'une pierre.

Il faut une habitude et une grande attention pour juger de la régularité et de la finesse du grain d'une pierre; car la grande quantité d'aspérités dont il est composé le rend presque imperceptible à l'œil.

Quand on veut vérifier le grain d'une pierre, elle doit être placée inclinée, comme à la planche 1, fig. 1 et 2, de manière à ce que le jour y arrive obliquement et glisse sur sa surface; alors chacune des aspérités, ou petite élévation, sera visible, attendu qu'elle se trouvera éclairée seulement d'un côté, tandis que l'autre sera dans l'ombre. On pourra alors reconnaître si le grain est fin, s'il est égal et s'il y a des défauts. Si le grain n'est pas comme on le désire, il faudra renvoyer la pierre ou bien la grainer soi-même; car c'est du temps à peu près perdu que de travailler sur un mauvais grain.

Du grainage des pierres.

Le choix du sable que l'on emploie est pour beaucoup dans la réussite du grain; s'il est trop dur il ne s'use pas, et il raie et polit la pierre au lieu de la grainer; s'il est trop tendre il ne mord presque pas; en quelques tours il est broyé et réduit en boue; il faut donc le choisir entre ces deux extrêmes.

On prend ordinairement un sablon jaune, fort en usage chez les marbriers ; celui qu'on trouve dans les environs de Paris, principalement à Belleville et près de Meudon, est le meilleur. Avant de s'en servir il faut le purger de ses parties les plus grosses en le passant à travers un tamis ; car si ce sablon n'était pas d'un grain régulier il ne rendrait pas celui de la pierre égal, et de plus on aurait à craindre la rencontre de petites pierres caillouteuses et brillantes, qui, étant ordinairement plus grosses et beaucoup plus dures que le sablon, rayeraient les pierres, ce qui serait un grand inconvénient.

Ces pierrailles ôtées, le sable restant ne doit pas être trop gros ; autrement il aurait l'inconvénient de former une bourbe avant d'être assez réduit pour donner un grain fin à la pierre, ce qui empêcherait que le grain fût serré, et le rendrait plat. Si au contraire le sable est trop fin il ne pourra pas mordre et polira la pierre au lieu de la grainer.

Pour que les grains du sable soient d'égale grosseur on se sert de deux tamis de numéros différents ; on le passe plusieurs fois dans le tamis le moins fin, puis dans le tamis le plus fin. Le premier tamis a extrait tout le gros sable, et le second n'a laissé passer que le sable le plus fin : celui qui reste dans ce tamis doit donc être très égal ; c'est ce sable-là qu'il faut employer.

Il faut se procurer comme chose indispensable une règle de fer ou de cuivre, aussi droite que possible : cette règle sert à vérifier si la surface de la pierre est parfaitement unie, parfaitement plane. Voici comme l'on s'en sert : on applique le côté le plus droit de cette règle en différents sens sur toute la surface destinée à recevoir le dessin, et on regarde avec une attention scrupuleuse s'il n'y a pas de jour entre la règle et la pierre. Si l'on n'en distingue aucun, c'est que cette surface est plane. Ce moyen est le seul que l'on doive employer pour reconnaître si la surface d'une pierre est exactement dressée.

S'il y avait du jour entre la règle et la pierre cette imperfection accuserait la négligence du fournisseur et de l'ouvrier qui a dû apprêter la pierre ; ce défaut est très préjudiciable, car lorsque la surface d'une pierre n'est pas parfaitement plane, cela suffit pour faire manquer un dessin au tirage ; plus les jours sont considérables, plus la pierre a été creusée dans cet endroit. Il en résulte que, lors de l'impression, le râteau ou partie de la presse qui appuie sur la pierre pour détacher du dessin la portion qui doit être déposée sur le papier, agissant par sa conformation toujours en ligne droite, ne peut atteindre dans ces creux, et le crayon déposé dans ces endroits devient nul ou très affaibli.

La pression n'étant pas égale sur toute la surface de la pierre, il pourra

4

aussi en résulter qu'aux endroits où elle sera plus forte la pierre sera exposée à se casser.

Lorsqu'une pierre a des creux ou enfoncements à sa surface, que par conséquent elle est imparfaite, il faut avant de la regrainer la rendre aussi unie que possible, ce qu'on appelle la *débrutir*. Pour cela il faut avoir une autre pierre lithographique de la même dimension, ou même un peu plus grande, ce qui est préférable.

La plus grande pierre étant posée horizontalement sur une table bien solide et assujettie autant que possible, on pose dessus du grès bien mordant, puis une ou deux cuillerées d'eau bien propre, suivant la grandeur de la pierre. Plaçant la seconde pierre sur la première, on les frottera ensemble jusqu'à ce que les endroits plus élevés soient mangés, et qu'en passant la règle sur ces pierres elles n'offrent plus de jour en aucun endroit. Si l'on en apercevait encore il faudrait remettre un peu de grès et continuer le même débrutissage jusqu'à ce qu'on fût arrivé à avoir rendu les surfaces parfaitement unies. Il faut faire bien attention que la pierre soit soigneusement mouillée avec de l'eau propre pendant toute l'opération. La pierre ainsi débrutie, il faut la laver parfaitement; puis l'on peut commencer le grainage.

Il arrive quelquefois qu'après avoir commencé un dessin sur une pierre on change d'idée, et, voulant utiliser cette pierre, il faut que le dessin en soit effacé et la pierre regrainée. Pour cela il faut agir comme si l'on voulait la débrutir, l'émonder en employant le grès mordant, et frotter cette pierre lithographique sur une autre semblable, assez long-temps pour qu'il ne reste plus la moindre trace du dessin, même l'empreinte de la place; car tant qu'il reste la plus légère marque de la place qu'a occupé le précédent dessin, c'est qu'il y a encore de la graisse du dessin effacé dans les pores de la pierre, et il serait à craindre que par la suite, lors du tirage d'un nouveau dessin refait sur cette pierre, cette graisse ne ressaisît le noir servant à l'impression, et qu'alors le premier dessin qu'on a cru effacé entièrement ne reparût, mêlant ses teintes avec celles du nouveau. On ne saurait donc trop effacer et user la pierre avant de lui refaire le grain.

Toutes les fois qu'il m'est fourni une pierre lithographique par une maison dont les soins ne me sont pas bien connus, je me rends compte de la qualité de cette pierre, puis de la beauté et de la bonté de son grain par les moyens indiqués. Ceci vérifié, je verse sur toute la surface qui doit contenir le dessin un peu d'eau très propre; si la pierre a déjà contenu un dessin, et que ce dessin n'ait pas été effacé à fond, son empreinte reparaîtra d'un ton gris blanchâtre. Je renvoie cette pierre, ou, si je suis trop éloigné et que j'en aie besoin de suite, je la regraine.

Le grainage des pierres lithographiques se fait comme le débrutissage, seulement on emploie le sablon au lieu de grès ; de même on se sert de deux pierres. Si l'une est beaucoup plus grande que l'autre, elle devra rester dessous tout le temps de l'opération ; si elles sont de la même grandeur, il faudra les changer souvent, les mettant alternativement dessus et dessous.

Une des pierres étant posée horizontalement, on sème dessus un peu de sable trié ; on mouille ce sable en pressant une éponge imbibée d'eau, qu'on doit toujours remettre dans une vase plein d'eau et dans lequel on entretient l'éponge constamment propre. Lorsque l'on a mis assez d'eau pour que le sable en soit imbibé, on place la seconde pierre sur la première, puis on la met en mouvement, lui faisant frotter circulairement plusieurs tours dans un sens et successivement plusieurs autres dans le sens opposé. Il faut que la pierre de dessous reste immobile pendant tout le temps que celle de dessus est en action. Toutes les fois que cette dernière pierre découvre les angles de celle de dessous, il est important qu'elle revienne immédiatement la recouvrir, afin que ces pierres soient également usées et qu'elles ne soient pas gauches en quelque point. De même on doit faire bien attention, en poussant et repoussant la pierre supérieure, à ne pas trop ressortir sur les bords, parceque, dans ce cas, le centre de gravité de la pierre supérieure se porterait trop sur les bords, et qu'il pourrait en résulter que cette pierre deviendrait concave et celle de dessous convexe. Comme on doit user plusieurs sables pour faire le grain d'une pierre, on remédiera à cet inconvénient en les changeant plusieurs fois, c'est à dire les rendant alternativement actives et passives ; puis en n'agitant pas la pierre supérieure dans des lignes et des cercles trop étendus, de manière que son point central ne vienne jamais se reposer sur l'extrémité des bords. Autant que possible, chaque pierre doit être autant dessus qu'elle est dessous.

Lorsque le sable commence à s'user, la pierre mobile devient difficile à conduire ; elle semble vouloir se coller ; on la mène alors vers un des bords de la pierre inférieure, puis là on les sépare, on les place l'une près de l'autre, et avec l'éponge on verse un peu d'eau dessus ; on nettoie les bords des pierres, afin que le sable à demi usé qui s'y trouve ne soit pas ramené sur la surface par le nouveau frottement qui doit avoir lieu. Les bords étant bien propres, on remet de nouveau sable, on l'use comme on vient de le faire, jusqu'à ce que l'on sente qu'il ne mord plus ; on sépare encore les pierres, et, les plaçant l'une près de l'autre, on les lave à grande eau, se servant de plusieurs seaux d'eau afin de les nettoyer à fond. Il faut faire bien attention que la surface grainée ne doit être nettoyée que par arrosement ; car en frottant avec une éponge ou un linge on s'exposerait à la rayer avec les grains de sable que l'on veut ôter ; on laisse ensuite sécher, et on vérifie si le grain est convenable par le moyen que j'ai indiqué.

J'ai observé plusieurs bons graineurs, et j'ai remarqué qu'ils n'agissent pas de même lorsqu'ils usent les derniers sables pour terminer le grain d'une pierre. Quelques-uns font aller la pierre supérieure long-temps dans la même direction et la font souvent pirouetter ; d'autres la dirigent en tous sens et ne lui font faire qu'un demi-tour de temps en temps. Il y en a encore qui opèrent par un mouvement circulaire dans un même sens ; seulement ils sont tous d'accord de resserrer leurs mouvements à mesure que le grain s'avance, et de conduire doucement la pierre supérieure vers un bord de celle qui est mobile afin de les séparer. On acceptera donc de ces diverses méthodes celle qui semblera la plus facile.

Pour faciliter le grainage il faut mouiller suffisamment ; cependant, moins on peut mettre d'eau, et moins le sable glisse, et plus on obtient un grain fin et saillant ; mais l'opération est fatigante. Si l'on mouille beaucoup les pierres glissent bien mieux, mais le grain est plat.

Lorsque l'on a à grainer une pierre très grande, on ne peut en employer une seconde de même dimension ; car la pression causée par un poids considérable ne permettrait pas de faire un grain saillant. On est obligé de se servir d'une petite pierre dont on a soigneusement râpé les bords pour les arrondir.

Lorsque l'on a usé bien également une pierre lithographique, petite ou grande, pour finir le grain et le rendre bien saillant on peut terminer l'opération en se servant d'une pierre légère, parcequ'alors la pression ne peut pas lui nuire.

Quelques artistes ont coutume de refaire par partie le grain des pierres qui leur sont livrées. Par exemple, pour un paysage ils font le grain de la partie qui doit contenir le premier plan plus gros que pour les autres plans. Afin de pouvoir y mettre beaucoup de vigueur et en même temps de conserver de la transparence, les dessinateurs de figures refont le grain de la partie qui doit recevoir la tête plus fin que le reste de la pierre pour pouvoir lui donner plus de finesse. Ces regrainages partiels s'exécutent à sec avec une molette de verre ou bien avec un petit morceau de pierre lithographique et du sablon jaune tamisé.

Toutes les fois que dans le cours de l'exécution d'un dessin sur pierre on reconnaît que quelques parties sont imparfaites, on peut les refaire en les enlevant d'abord et regrainant la place. Le regrainage s'exécute comme le grainage partiel, c'est à dire sans eau ; car s'il y avait la moindre humidité on perdrait tout le travail environnant. On place du sable tamisé sur la partie que l'on veut faire disparaître, puis avec la molette ou le petit morceau de pierre lithographique, on use ce sable en frottant légèrement et par un mouvement circulaire; lorsque l'on approche de la partie qui doit être conservée, il faut agir délicatement et avec le plus grand soin.

D'abord le grain refait est gros, puis peu à peu il prend de la finesse à mesure que le sable s'use, et il finit par se raccorder parfaitement avec le grain primitif qui l'entoure. Mais avant de faire cette opération, il est bon de s'exercer sur une pierre à part, que l'on ne craint pas de gâter. Quand ce grain est comme on le désire, on balaie le sable et l'on époussette l'endroit effacé avec un gros pinceau doux, ou avec un blaireau.

Le petit morceau de pierre lithographique, servant au regrainage partiel, doit être dur et avoir ses arêtes émoussées.

Le regrainage partiel, servant à enlever une partie déjà faite et que l'on veut refaire, doit nécessairement creuser la pierre; mais cet enfoncement est à peine sensible; cependant il est bon de charger cette place d'un peu plus de crayon que partout ailleurs; car, sans cette précaution, les teintes refaites pourraient, au tirage, venir plus faibles que celles du reste du dessin.

Lorsque l'on graine des pierres lithographiques, il peut arriver que l'on soit dérangé de ce travail, et que laissant ces pierres l'une sur l'autre, elles sèchent et se collent, alors il est difficile de les séparer; pour cela il faut introduire doucement entre elles, le coupant de la lame d'un couteau ordinaire, puis frapper quelques coups légers avec un marteau, ou tout autre instrument sur le dos de cette lame; ce moyen les fera se séparer de suite; si l'on voulait les désunir autrement, elles résisteraient et viendraient plutôt par morceaux.

Du Polissage des pierres lithographiques pour la confection des dessins à la plume ou au pinceau.

Les dessins à la plume ou au pinceau se font sur des pierres polies, mais d'aussi bonne qualité que celles grainées employées pour les dessins au crayon.

Pour apprêter ces pierres, il faut d'abord les grainer le plus fin possible, ce qui s'obtient en réduisant le sablon en boue; quand on a reconnu qu'elles sont parfaitement unies, qu'il est difficile d'apercevoir les interstices du grain, on les sépare et on les lave avec soin comme il a été dit plus haut. Alors commence le polissage, qui s'effectue au moyen d'une pierre-ponce, tendre, aplanie et ayant les arêtes émoussées; cette pierre-

5

ponce, autant que possible, doit être choisie d'un ton blanchâtre. Quelques personnes terminent le polissage en employant une molette de bois
et de la pierre-ponce pilée et tamisée très-fin; d'autres se servent du
charbon de bois de chêne également réduit en poudre. Par ce procédé, on
parvient à donner à la pierre un poli semblable à celui du marbre. Sans
cette préparation, il serait difficile de dessiner sur la surface d'une pierre
avec la plume; la pierre haperait l'encre lithographique, et il serait im-
possible de faire des traits continus et fins.

Des crayons lithographiques.

La bonté des crayons est d'une importance au moins aussi majeure que
celles des pierres lithographiques, ils doivent être fermes et souples, et
permettre, sans se rompre, de tracer sur la surface des pierres des
traits fins et déliés; plus les crayons sont durs, plus ils ont l'avantage
d'attaquer le grain de la pierre franchement et de rendre le sentiment de
l'artiste; mais par contre-partie, ils ont l'inconvénient de rendre l'impression difficile.

Pour reconnaître la qualité des crayons lithographiques.

Prenant un crayon et le cassant en deux, il doit se rompre franchement et offrir une cassure nette, matte, d'un pâle homogène et légèrement
grenue; ceci vérifié, on taille le crayon avec beaucoup de soin, se servant d'un canif qui coupe bien; les copeaux résultant de la taille doivent
être minces, cassants sans être friables; la partie taillée sera luisante et
ne devra pas présenter des parties gercées et surtout poreuses.

Lorsque l'on rencontre une bonne qualité de crayons, il est bon d'en
faire provision, car les fabricants ne réussissent pas également toutes
les fois qu'ils en font; et autant que possible il faut faire entièrement un
dessin avec les crayons d'une même cuisson, c'est-à-dire fait ensemble.

Quelques artistes emploient des crayons lithographiques de divers degrés de duretés pour la confection d'un dessin sur pierre. Ils font les
demi-teintes légères, les ciels, etc., etc., avec les plus durs, ce qui
leur permet de garnir ces teintes d'un travail serré, sans crainte d'arriver
de suite à un trop grand foncé; les crayons moins durs leur servent pour
former les teintes prononcées fortement, et les crayons tendres pour les
grandes vigueurs ou grands noirs. Cette méthode a un grand charme et
serait excellente si ces divers crayons étaient combinés, à cet effet, qu'il

y ait la même différence dans leurs dispositions à recevoir l'encre d'imprimerie que dans leurs degrés de dureté. Mais les fabricants ont chacun une manière de les composer; les uns emploient plus de suif épuré; d'autres plus de savon, d'huile, etc., etc.; il résulte que les crayons différemment graisseux doivent donner des résultats non prévus. Aussi, si j'ai obtenu quelquefois de bons résultats par l'emploi de crayons de divers degrés de dureté, il m'est arrivé le plus souvent d'être tout à fait trompé; des parties qui devaient venir legères prenaient au tirage autant de noir que d'autres qui auraient dû être beaucoup plus foncées; M. Engelmann qui, par sa position d'imprimeur lithographe, avait pu faire les mêmes observations sur un grand nombre de dessins sur pierre, dit dans son ouvrage, à l'article crayon lithographique : « Chaque lithographe a sa
« manière de le composer; il diffère donc de qualité selon l'atelier duquel il sort. Dès-lors il n'est pas inutile au dessinateur de s'assurer de
« l'espèce du crayon avant de l'employer. En se servant indistinctement
« pour le même dessin de crayons fabriqués dans divers lieux, on s'expose à n'obtenir que des résultats imparfaits, parce que les crayons, ainsi
« que je l'ai déjà dit, préparés par des mains différentes, ne sont pas
« d'une égale qualité. Ainsi, le travail de l'un peut paraître plus noir que
« celui de l'autre, tandis qu'il ne présentera pas plus de vigueur au tirage.
« J'ai vu, continue-t-il, des dessins dont les parties vaporeuses étaient
« faites avec un crayon qui contenait très-peu de noir, et les vigueurs
« avec d'autres crayons plus colorés prendre un effet tout contraire à l'impression, et les ciels et les lointains devenir plus noirs que les premiers
« plans. »

On comprendra du reste que si l'on se sert des mêmes crayons pour faire entièrement un dessin sur pierre, on doit obtenir au tirage la reproduction exacte de ce dessin, c'est-à-dire que toutes les teintes et travaux doivent être reproduits avec les mêmes rapports entre eux qu'ils avaient lorsque l'artiste a terminé son travail.

En général, il convient de se servir des crayons de l'imprimeur chez lequel on doit confier le tirage de son dessin, car lui, mieux que tout autre, connaît la proportion exacte des substances qui entrent dans leur fabrication, ce qui le met à même de combiner en conséquence la préparation ou acidulation du dessin; ceci est majeur, car cette acidulation doit être en rapport avec la composition des crayons et avec le degré de fini et du garni du travail de l'artiste. Si l'imprimeur ne combine pas sa préparation en conséquence, il ne peut reproduire le dessin original qu'imparfaitement.

Des Porte-crayons.

Ne devant employer qu'une même espèce de crayons dans l'exécution d'un dessin lithographique, on peut pour se faciliter la confection des parties légères et des teintes unies, se servir de porte-crayons plus légers que ceux avec lesquels on exécute les autres parties du dessin ; ces porte-crayons légers sont en plume ou en papier ; comme il est bon de savoir les faire soi-même, voici comment on s'y prend. On choisit une plume ayant son tuyau au moins aussi gros qu'un crayon lithographique ; on coupe ce tube à ses deux extrémités, et l'on fait entrer le crayon dans l'une ; prenant une autre plume un peu moins grosse, ou se servant de ce qui a été retranché de la première, on la fait entrer dans l'autre extrémité du tuyau. Cette plume ou bout de plume, sert de hampes ou antes, au porte-crayon, et a en plus l'avantage de servir à pousser hors du tube de plume le crayon à mesure qu'on l'use.

Si l'on veut faire un porte-crayon de papier, on prend une baguette bien ronde, de la grosseur d'un crayon, et longue de sept à huit pouces, on la frotte avec un peu de suif ou de savon, on prend ensuite une bande de papier large de six pouces et longue de huit ; on l'enduit de colle de farine, puis on applique la baguette sur l'un des bords du papier, sur l'un des petits côtés, c'est-à-dire de six pouces, on roule alors cette baguette vers le bord opposé, faisant attention que le papier soit roulé sur lui-même, qu'il soit bien serré et ne fasse aucun pli.

Avant que ce papier soit tout-à-fait sec, on retirera la baguette, puis on la remet de suite pour faire une entaille en ligne droite. *Voir* pour cela le porte-crayon en papier, représenté planche 1, figure 5 ; on ajoute ensuite une virole en cuivre, ce qui rend ces porte-crayons plus confortables que ceux en plume ; au besoin, la baguette qui a servi à les faire peut être employée à pousser, hors du porte-crayon, le crayon lithographique. Ces porte-crayons, par leur légèreté, permettent d'appuyer moins sur le crayon, et d'en fixer à la fois une quantité moindre au grain de la pierre.

Le porte-crayon qui s'emploie pour tout ce qui n'est pas teinte légère est ordinairement en cuivre ou en argent ; il ne doit pas être trop long, six pouces au plus. Sa construction quoique solide doit être légère ; car sans cela il aurait le double inconvénient de faire trop prononcer les traits de crayon sur la surface de la pierre, ou de gêner le tracé par la pesanteur de son extrémité, qui est dans l'inaction et qui ferait contre-poids. *Voir* ce porte-crayon, planche 1, figure 6.

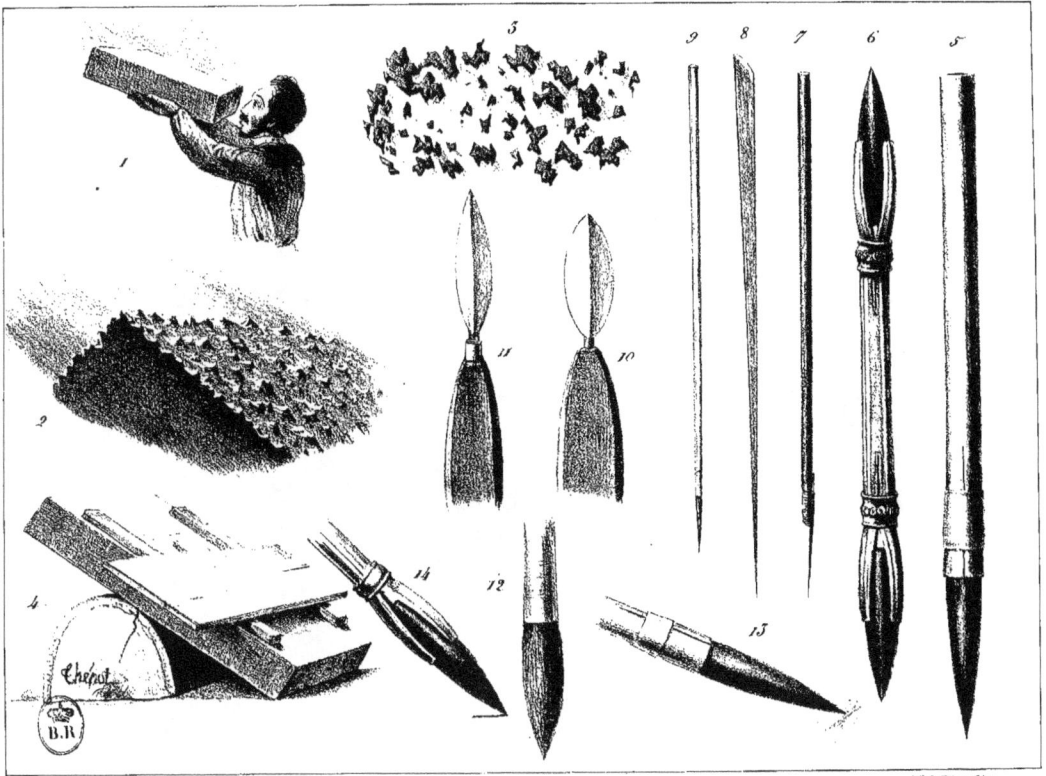

INSTRUMENS LITHOGRAPHIQUES.

CABANE DE J. J. ROUSSEAU

à Ermenonville

Lith. de Thierry Fre.

F. A. Pernot . 1835

Lith. de Thierry frères

Croqué d'après nature.

Gavarni   Lith de Thierry Frères

MAGICIENNE.

Lith. de Thurry frères

ÉTUDE

En vérité, Madame, Mell. votre fille est bien changée à son avantage
c'est tout votre portrait................

essiné d'après nature et litho par Champin

Imp. de Thierry frères

Lith de Thierry frères

MARÉE BASSE

nt et lith. par Thenot.

Lith de Thierry frères.

À SAINT-OUEN,

près de S.ᵗ Denis.

A.L.S Estienne 1835.   Pl. 10.   Lith de Thierry Frères.

ÉTUDES D'ANÉMONES.

Bertin 1836

Lith par Bertin.

Lith. de Thierry frères.

SOUVENIR.

Lith. de Thierry frères.

Pl. 72.

Pl. 15.

Lith: de Thierry Frères

L'ORPHELINE.

Pl. 14.

J. H. Vanderhülch del.

Lith. de Thierry frères.

LE PONT D'AVIGNON.

not del.

Lith de Thierry Frères

CHIENS DU MONT S! BERNARD.

<...

CHEMIN DU PRIEURÉ DE PIERREFOND.

Pl.17.

HARMONIE.

osé et lith. par Barye.

Lith. de Thierry Frères.

ETUDE DE CHATS.

Pl. 19.

À LONG-CHAMP.

Pl. 20

Imp. de Lemercier à Paris

Juln, par ma magnum... vous entendz ?

Pl. 21.

Lith. de Thierry Frères.

Hawke pinxt.

FIQUEFLEUR.

Pl 22

INSTANT DÉSAGRÉABLE.

Pl.23

Dantan J.^e 1896.

Dantan Je del   Lith de Lemercier Paris

UN PIANISTE.

Pl 24

C Bourgeois 1836

A CITTA CASTELLANE.

Pl 25

Lith de Lemercier, à Paris

www.ingramcontent.com/pod-product-compliance
Lightning Source LLC
Chambersburg PA
CBHW070909280326
41934CB00008B/1648